連続テレビ小説

なないろ

JN022899

なないろ

藤原基央　作詞
作曲
谷口尚久　ピアノ編曲

4

5

なないろ
～スローバージョン～

藤原基央　作詞
　　　　　作曲
谷口尚久　ピアノ編曲

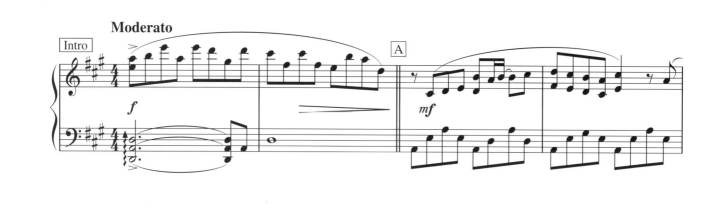

※ショートサイズのアレンジです。

Mixed Chorus
in Three Voices
混声三部合唱

なないろ

藤原基央　作詞
　　　　　作曲

田中達也　合唱編曲
　　　　　ピアノ編曲

◇◇ 合唱アドバイス ◇◇

原曲よりテンポを落とし、ハーモニーを作りやすくなるように編曲しました。16分音符の
シンコペーションや付点音符など印象的なリズムが多いので、横の流れにも気をつけなが
らこれらの要素をしなやかに歌ってください。C F I のサビは言葉が多く、リズムもさ
らに多彩になるのでバタバタしないように。ユニゾンとハーモニーの対比と、そこにどの
ような表情がつけられているかにも注目を。　　　　　　（田中達也）【演奏時間：約5分】

※歌いやすさを考慮し、原曲とは異なる調に
編曲しています。

14

19

23

なないろ

藤原基央　作詞・作曲
谷口尚久　採譜

なないろ

藤原基央　作詞・作曲

闇雲にでも信じたよ　きちんと前に進んでいるって
よく晴れた朝には時々　一人ぼっちにされちゃうから

ヤジロベエみたいな正しさだ
今この景色の全てが　笑ってくれるわけじゃないけど
それでもいい　これは僕の旅

昨夜の雨の事なんか　覚えていないようなお日様を
昨夜出来た水たまりが　映して　キラキラ　キラキラ
息をしている

高く遠く広すぎる空の下　おはよう　僕は昨日からやってきたよ
失くせない記憶は傘のように　鞄の中で出番を待つ

手探りで今日を歩く今日の僕が　あの日見た虹を探すこの道を
疑ってしまう時は　教えるよ
あの時の心の色

胸の奥　君がいる場所　ここでしか会えない瞳
ずっと変わらないままだから　ほっとしたり　たまに目を逸らしたり

思い出すと寂しいけど　思い出せないと寂しい事
忘れない事しか出来ない　夜を越えて　続く僕の旅

治らない古い傷は　無かったかのように隠す　お日様が
昼間の星と同じだね　本当は　キラキラ　キラキラ
この街中に

歯磨きして顔洗って着替えたら　いつもと同じ足で出かけようぜ
相変わらずの猫背でもいいよ　僕が僕を笑えるから

涙の砂　散らばる銀河の中　疲れた靴でどこまでだっていける
躓いて転んだ時は　教えるよ
起き方を知っている事

乾いて消える水たまりが　それでも　キラキラ　キラキラ
青く揺れる

高く遠く広すぎる空の下　おはよう　僕は昨日からやってきたよ
失くせない記憶も傘のように　鞄の中で明日へ向かう

手探りで今日を歩く今日の僕が　あの日見た虹を探す今日の僕を
疑ってしまう時は　教えるよ　あの時の心の色

いつか　また会うよ　戻れないあの日の　七色

■作詞・作曲　藤原基央（ふじわら・もとお）
■うた　BUMP OF CHICKEN

千葉県佐倉市出身の4人組ロックバンド（Vo./Gt.: 藤原基央・Gt.: 増川弘明・Ba.: 直井由文・Dr.: 升秀夫）。1996年2月11日結成、インディーズ時代にアルバム2タイトルをリリースし、2000年9月にシングル「ダイヤモンド」でメジャーデビュー。「天体観測」でその名を世にとどろかせ、その後も数々のヒット曲を生み出し続けている。ライブを中心に精力的に活動し、2016年には自身初のSTADIUM TOUR、2019年には35万人を動員したDOME TOURを行った。結成から25周年を迎えてなお、老若男女問わず幅広く支持され続けている。
公式サイト　https://www.bumpofchicken.com/

■ピアノ編曲　谷口尚久（たにぐち・なおひさ）
1971年生まれ。東京大学経済学部卒業。学生時代からバンド活動を始める。自身のグループで高橋幸宏プロデュースのアルバムを2枚発表。同時期に作曲家としての活動も始め、CHEMISTRY、SMAP、関ジャニ∞、すとぷりなど多くのアーティストのプロデュース・楽曲提供、また映画やドラマの音楽も多数担当。東京世田谷にWAFERS Studioを構え日々制作。個人名義で「JCT」「DOT」「SPOT」をリリース。

■合唱編曲　田中達也（たなか・たつや）
1983年東京生まれ。東京学芸大学中等教育教員養成課程音楽専攻卒業、同大学院教育学研究科音楽教育専攻（音楽コース・作曲領域）修了。第15回奏楽堂日本歌曲コンクール作曲部門（中田喜直賞の部）入選。第19回朝日作曲賞佳作（合唱組曲）。合唱作品を中心に作・編曲を手掛け、2018年度のNHK全国学校音楽コンクールでは、全国コンクール（高等学校の部）で行われたスペシャルステージの合唱編曲を担当した。

■表紙：清原果耶（永浦百音 役）
■表紙写真撮影：てんてん
■撮影ディレクション：古谷萌
■デザイン：（株）オーク
■楽譜浄書：（株）クラフトーン
■画像素材（P27）：FUTO/PIXTA
■協力：NHK ／ NHK エンタープライズ／（株）トイズファクトリー

NHK出版オリジナル楽譜シリーズ
連続テレビ小説 おかえりモネ
なないろ

2021年5月25日　第1刷発行

作詞・作曲　藤原基央
発行者　森永公紀
発行所　NHK出版
　　　　〒150-8081　東京都渋谷区宇田川町41-1
　　　　電話　0570-009-321（問い合わせ）　0570-000-321（注文）
　　　　ホームページ　https://www.nhk-book.co.jp
　　　　振替　00110-1-49701
印　刷　近代美術
製　本　藤田製本

■楽曲配信のご案内 …………………………

なないろ
BUMP OF CHICKEN

トイズファクトリー
配信中

■関連商品のご案内 …………………………

連続テレビ小説
おかえりモネ
オリジナル・サウンドトラック
音楽／高木正勝
melodypunchrecords
6月9日発売（同日配信開始）
●3枚組アルバム
MPCS-00034
¥4,400（税込み）

※「なないろ」は収録されていません。

LOVE THE ORIGINAL
楽譜のコピーはやめましょう

ISBN978-4-14-055412-8　C0073
©2021　NHK出版　　Printed in Japan